Ursel Scheffler

Paula macht das Seepferdchen

Bilder von
Dagmar Henze

Verlag Friedrich Oetinger · Hamburg

Alles über Paula

Paula will eine Brille
Paula sieht Gespenster
Paula geht zur Schule
Paula und das Räuberfest
Paulas sieben Haustiere
Paula auf dem Ponyhof*
Paula macht Piratenferien
Paula macht das Seepferdchen

*Dieses Buch gibt es auch in englischer Sprache unter dem Titel *Paula on the pony farm* in der Reihe *Magic Lantern*, mit Vokabelliste und CD.

Geschichten von Paula auf CD/MC sind bei IGEL-RECORDS erhältlich.

Titelbild und farbige Illustrationen von Dagmar Henze
Einband- und Reihengestaltung: Ralph Bittner und Manfred Limmroth
Reproduktion: Die Litho, Hamburg
Druck und Bindung: Proost N.V., Turnhout
Printed in Belgium 2005
ISBN 3-7891-1175-9

www.oetinger.de

„Kann ich mitkommen?“,
fragt Paula.
„Wir wollen heute tauchen“,
sagt ihr Bruder Titus.
„Das ist nichts für Babys.“

„Der See ist tief und dunkel.
Da gibt es riiiiesige Ungeheuer“,
behauptet Max.
„Die könnten dich fressen.“
„Quatschkopf“,
sagt Paula gekränkt.
„Außerdem kannst du
nicht schwimmen.
Könnte sein,
dass du unterblubberst“,
sagt Lothar und grinst frech.

„Ein bisschen schwimmen
kann ich schon“,
verteidigt sich Paula.
„Äh – mit Schwimmflügeln!“
Aber da sind die drei
schon auf und davon.

Mit finsterem Gesicht
stapft Paula ins Haus.
„Was ist denn mit dir los?“,
fragt Mama,
die gerade neue Vorhänge
fürs Kinderzimmer näht.

„Nichts“, sagt Paula
und lässt sich
auf den Fußboden plumpsen.
„Klar ist was.
Ich kenn dich doch!
Hat dich Titus wieder geärgert?“
Paula nickt stumm.
Und dann erzählt sie,
dass sie gern
mit zum See wäre,
dass sie die Jungen nicht lassen,
dass das gemein ist.

Paula hängt sich
ein Stück Stoff um
und setzt
einen verrückten Hut auf.
„Ich wär so gern eine Fee!“,
seufzt sie.
„Dann könnt ich mir
was wünschen!“

„Und was würdest du
dir wünschen?“, fragt Mama.
„Dass ich schwimmen kann.
So wie Titus!“

Mama überlegt einen Moment.
Dann sagt sie:
„Ich hab eine Fee-Idee …“
„Eine Fee-Idee?“
„Das erklär ich dir beim Tee“,
sagt Mama.
„Komm mit!“

„Ich kenn eine Schwimmfee“,
sagt Mama, als sie
den Pfefferminztee aufbrüht.
„Und du kennst sie auch:
Sie heißt Elfi.“
„Du meinst *Tante* Elfi?“
Mama nickt.
„Sie kann Nichtschwimmer
in Freischwimmer verwandeln.“

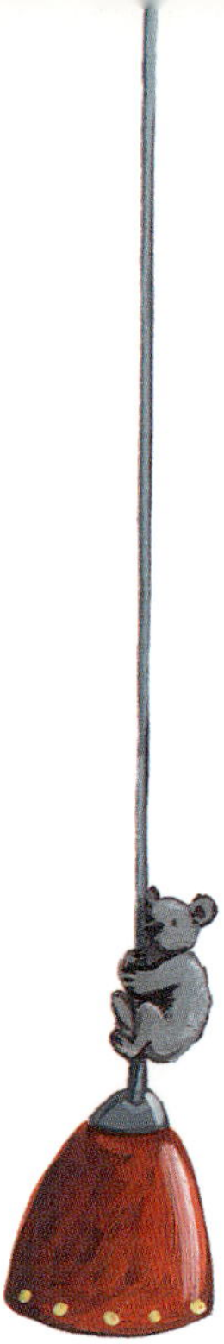

„Echt?“, fragt Paula unsicher.
„Tante Elfi war Sportlehrerin,
ehe sie mit Onkel Alf
auf den Ponyhof zog.
Sie hat vielen Kindern
das Schwimmen beigebracht!
Ruf sie doch mal an!“

Tante Elfi lacht vergnügt.
„Ich soll deine Schwimmfee sein?
Kein Problem, Paula!“
Sie hat gleich einen Zauberplan:
„Wir treffen uns
dreimal in der Woche
in der Schwimmhalle.

Da machst du
deine Seepferdchenprüfung
in null Komma nix!“
„Kann Sine mitkommen?“
„Na klar.
Dann macht es mehr Spaß!“

Paulas Freundin Sine
ist von der Idee begeistert.
„Aber Titus, Max und Lothar
dürfen auf keinen Fall
etwas erfahren!“, sagt Paula.
„Ist doch logo!“, sagt Sine.

Am Montag schon treffen sich
die beiden Freundinnen
mit Schwimmfee Elfi im Hallenbad.

„Vorher immer aufs Klo gehen
und duschen!“, sagt Tante Elfi,
als sie die Badeanzüge anziehen.
Paula kichert:
„Nur Babys pinkeln ins Wasser!“
„Genau“, sagt die Schwimmfee
und zwinkert vergnügt.

Sine macht beim Duschen
die Augen zu.
Paula dreht das kalte Wasser auf.

„Iiiiih!“, quiekt Sine,
als der kalte Wasserstrahl
über ihren Rücken prasselt.
„Das nennt man abschrecken!“,
sagt Paula
und rennt lachend davon.

„Halt!“, ruft die Schwimmfee
und hält Paula fest.
„Mit nassen Füßen rennt man nicht.
Das ist viel zu gefährlich!“

Das Nichtschwimmerbecken
ist zum Glück fast leer.
„Erst üben wir das Tauchen!“,
sagt Tante Elfi.

„Tauchen?", fragt Paula erschrocken.
„Tauchen wie Titus?"
„Na klar. Tauchen ist keine Kunst.
Seht her!"
Sie wirft einen Gummiring
ins Wasser, taucht unter
und holt ihn wieder herauf.
„Und jetzt seid ihr dran!"

Paula kneift die Augen zu
und taucht unter.
Als sie wieder auftaucht,
schnaubt sie wie ein Walross
und schimpft:
„Ich kann den doofen Reifen
nicht sehen!“

„Lass unter Wasser
die Augen auf!“,
rät Schwimmfee Elfi.
„Die sind wasserdicht!“

Es dauert gar nicht lange,
da tauchen Paula und Sine
wie zwei Seehunde.
Tante Elfi freut sich.
„Damit schafft ihr schon
den ersten Teil
des Seepferdchens!“

Nach und nach
verlieren Paula und Sine
die Scheu vor dem Wasser.
Nach der dritten Schwimmstunde
können sie schon
ein paar hastige Schwimmzüge
machen.
Ohne Schwimmflügel!

Nach der dritten Woche
ist es geschafft:
Paula und Sine
schwimmen die Strecke
quer durch das Becken
an einem Stück.

„Bravo! 25 Meter!“, ruft Tante Elfi.
„Das ist genau die Strecke,
die ihr für das Seepferdchen
schwimmen müsst!“

Der dritte Teil des Seepferdchens
ist eigentlich nur eine Mutprobe:
der Sprung vom Beckenrand!
Wenn man schwimmen
und tauchen kann,
ist das aber auch
kein großes Problem mehr.

Drei Tage später
nimmt der Bademeister im Hallenbad
die Seepferdchenprüfung ab.

Dann überreicht er Paula und Sine
Urkunde und Abzeichen.
„Das Seepferdchen muss Mama
gleich an meinen Badeanzug nähen!“,
sagt Paula stolz.

Paula, Sine und Tante Elfi
feiern die Prüfung beim Italiener.
Mit einem großen
Seepferdchen-Eisbecher!

Weil es
so viel Spaß gemacht hat,
verabreden sich Paula und Sine
auch in den nächsten Wochen
mit ihrer Schwimmfee
im Hallenbad.
Und dann besprechen sie
einen Geheimplan.
Titus, Max und Lothar
sollen Augen machen!

An einem heißen Julitag
ist es endlich so weit.
Paula und Sine
radeln ins Freibad.
Titus und seine Freunde
sind längst dort.
Lothar und Max
stehen am Beckenrand.

Mit Kopfsprung und Wasserbomben
spritzen sie Paula und Sine nass.
Sie ärgern die Mädchen, wie üblich.
„Wo ist Titus?“, fragt Paula.
„Eis kaufen“, antwortet Max.
Er springt vom Ein-Meter-Brett,
um die Mädchen zu beeindrucken.

„Keine Kunst“, sagt Paula,
als Max mit einem Klimmzug
wieder auf den Beckenrand klettert.
„Das kann ich auch.“
„Höchstens mit Rettungsring,
Flossen und Schwimmflügeln“,
spottet Lothar.
„Um was wetten wir?“,
sagt Paula kühn.

Max bietet als Wetteinsatz
eine Tafel Schokolade an.
„Ein Pfund Schokolade!“,
fordert Paula.
„Die Wette gilt!“, sagt Max.
Paula klettert auf das Sprungbrett.
Jetzt kommt Titus
mit drei Eistüten zurück.

Als er Paula ohne Schwimmflügel
auf dem Sprungbrett sieht,
wird er blass und ruft:
„Halt! Nein! Paula!
Komm sofort da runter!“
Doch da springt sie schon.
Titus klatscht Lothar
die Eistüten auf die Brust
und hechtet hinterher,
um seine kleine Schwester
vor dem Ertrinken zu retten.

Doch Paula taucht
gesund und munter
in einiger Entfernung
von alleine wieder auf.

Als sie auf der Leiter
am Beckenrand steht,
ruft sie vergnügt:
„Ich hab doch
das Seepferdchen!“
Sie zeigt
auf das Abzeichen
an ihrem Badeanzug.

„Und jetzt her
mit dem Pfund Schokolade!“,
fordert Sine.
Titus ist immer noch blass,
als er aus dem Wasser klettert.
„Mann, du kannst einen aber
ganz schön erschrecken!“, ruft er.
„Dass du das Seepferdchen hast,
konnte ich ja nicht ahnen!“

Sine reckt die Nase
in die Luft und bemerkt:
„Euer Pech.
Aber ihr Jungs unterschätzt uns
bekanntlich öfter!"
„Ihr wisst noch nicht alles!",
fügt Paula triumphierend hinzu.
„Nächste Woche machen wir
unseren Freischwimmer!!!"